# mofusand

## 学習ドリル

# アルファベット・ローマ字

小学校
全学年対応

JN023083

# このドリルについて

- このドリルでは、英語やローマ字を書きあらわすときに使うアルファベット26文字と、ヘボン式ローマ字で50音の書き方を練習します。
- アルファベットは、バランスよく書くために引かれた4本線を利用して、練習しましょう。
- 1ページを書き終えたら答え合わせをしましょう。答え合わせが終わったら、シールをはりましょう。

## アルファベットの練習

- アルファベットの練習をします。うすい字をえんぴつでなぞりましょう。なぞり書きが終ったら、下の4本線に自分で書いてみましょう。
- 覚えたかどうかチェックするおさらいのページやテストのページ、にゃんこたちと楽しく勉強するゲームのページにも挑戦しましょう。

## ローマ字の練習

- ローマ字の練習をします。うすい字をえんぴつでなぞりましょう。50音の書き方を練習しましょう。
- ローマ字の練習のページとテストのページでは、ローマ字が正しく書けるかチェックしましょう。

## 英単語・英語の練習

- にゃんこたちのかわいいイラストでやさしい英単語と英語のあいさつ、英語のじこしょうかいを練習します。見本と同じように書けるように練習しましょう。

# アルファベットってなに？

● 英語やローマ字を書くときに使う文字をアルファベットと言います。アルファベットには、大文字と小文字がそれぞれ26文字ずつあります。次の大文字と小文字を読んでみましょう。強く読むところは青い字でしめしています。

## 大文字アルファベット

| エイ | ビー | スィー | ディー | イー | エフ | ヂー | エイチ | アイ |
|---|---|---|---|---|---|---|---|---|
| A | B | C | D | E | F | G | H | I |

| ヂェイ | ケイ | エル | エム | エン | オウ | ピー | キュー | アー |
|---|---|---|---|---|---|---|---|---|
| J | K | L | M | N | O | P | Q | R |

| エス | ティー | ユー | ヴィー | ダブリュー | エクス | ワイ | ズィー |
|---|---|---|---|---|---|---|---|
| S | T | U | V | W | X | Y | Z |

## 小文字アルファベット

| エイ | ビー | スィー | ディー | イー | エフ | ヂー | エイチ | アイ |
|---|---|---|---|---|---|---|---|---|
| a | b | c | d | e | f | g | h | i |

| ヂェイ | ケイ | エル | エム | エン | オウ | ピー | キュー | アー |
|---|---|---|---|---|---|---|---|---|
| j | k | l | m | n | o | p | q | r |

| エス | ティー | ユー | ヴィー | ダブリュー | エクス | ワイ | ズィー |
|---|---|---|---|---|---|---|---|
| s | t | u | v | w | x | y | z |

# アルファベットを書くときのルール

● アルファベットを書く練習は 4 本の線の上にします。

● アルファベットを書くときは「家」をイメージすると書きやすくなります。青い色の3の線をきじゅんに何階だての家になるかを考えます。

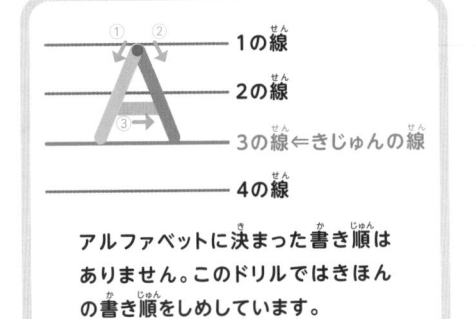

1の線
2の線
3の線⇐きじゅんの線
4の線

アルファベットに決まった書き順はありません。このドリルではきほんの書き順をしめしています。

● 大文字は全部2階だてです。

2階だて

A B C D E

● 小文字は2階だて、1階だて、地下1階だてがあります。

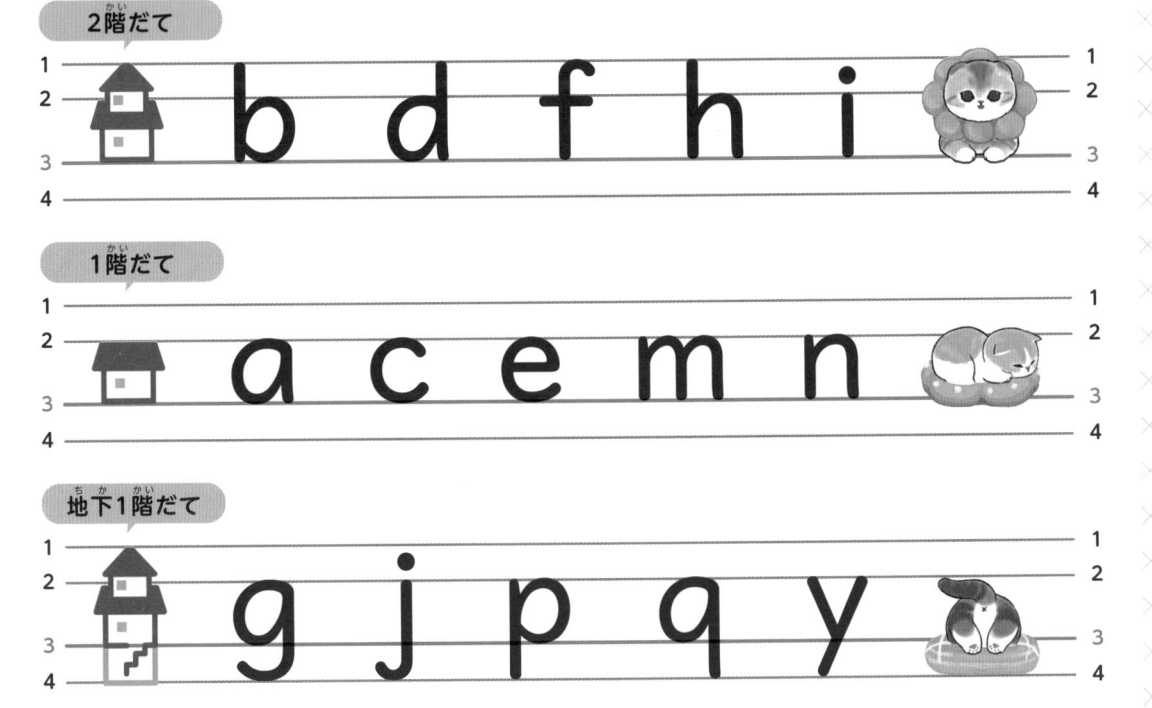

2階だて

b d f h i

1階だて

a c e m n

地下1階だて

g j p q y

・アルファベットには書き順に決まりがありません。このドリルでは主なものを紹介しました。
・アルファベットにはいろいろな書体があります。このドリルでは、文部科学省の英語教材の字形に準拠している欧文書体を中心に学習します。
・アルファベットの上のカタカナは、近い発音を表したものです。
・アルファベットの強く読むところを青い字で示しています。強く読むところは「アクセント」と言います。

● うすい文字をなぞってから、つづけて書き方を練習しましょう。

| A | B | C | D | E | F | G | H | I | J | K | L | M | N | O | P | Q | R | S | T | U | V | W | X | Y | Z |
|---|---|---|---|---|---|---|---|---|---|---|---|---|---|---|---|---|---|---|---|---|---|---|---|---|---|
| a | b | c | d | e | f | g | h | i | j | k | l | m | n | o | p | q | r | s | t | u | v | w | x | y | z |

大文字　エイ

全部で50点

小文字　エイ

全部で50点

# 2 B / b

● うすい文字をなぞってから、つづけて書き方を練習しましょう。

| A | **B** | C | D | E | F | G | H | I | J | K | L | M | N | O | P | Q | R | S | T | U | V | W | X | Y | Z |
|---|---|---|---|---|---|---|---|---|---|---|---|---|---|---|---|---|---|---|---|---|---|---|---|---|---|
| a | **b** | c | d | e | f | g | h | i | j | k | l | m | n | o | p | q | r | s | t | u | v | w | x | y | z |

**大文字**　ビー

全部で50点

① ↓ B ② ③

B B

**小文字**　ビー

全部で50点

① ↓ b ②

b b

6

**3  C / c**

うすい文字をなぞってから、つづけて書き方を練習しましょう。

A B **C** D E F G H I J K L M N O P Q R S T U V W X Y Z
a b **c** d e f g h i j k l m n o p q r s t u v w x y z

**大文字**　スィー

全部で50点

C　C　C

**小文字**　スィー

全部で50点

c　c　c

# 4 D / d

うすい文字をなぞってから、つづけて書き方を練習しましょう。

A B C **D** E F G H I J K L M N O P Q R S T U V W X Y Z

a b c **d** e f g h i j k l m n o p q r s t u v w x y z

**大文字**　ディー

全部で50点

① ↓　②

D D D

**小文字**　ディー

全部で50点

①　②↓

d d d

# 5 ABCD のおさらい

① ABCD のアルファベットを正しいじゅん番になるように書きましょう。

全部で50点

A ➡ 　 ➡ C ➡ 　

　 ➡ b ➡ 　 ➡ d

② アルファベットの読み方と書き方があっていれば 〇、
まちがっていれば × を下の（　）につけましょう。

全部で50点

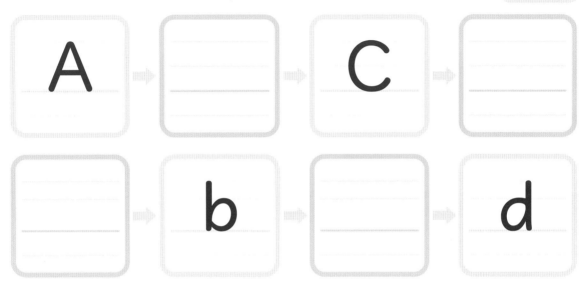

a
エイ
（　　）

d
ビー
（　　）

c
スィー
（　　）

b
ディー
（　　）

# 6 E / e

月 日

点／100点

● うすい文字をなぞってから、つづけて書き方を練習しましょう。

A B C D **E** F G H I J K L M N O P Q R S T U V W X Y Z

a b c d **e** f g h i j k l m n o p q r s t u v w x y z

**大文字**　イー

全部で50点

E E

**小文字**　イー

全部で50点

e e

# 7 F / f

● うすい文字をなぞってから、つづけて書き方を練習しましょう。

| A | B | C | D | E | **F** | G | H | I | J | K | L | M | N | O | P | Q | R | S | T | U | V | W | X | Y | Z |
| a | b | c | d | e | **f** | g | h | i | j | k | l | m | n | o | p | q | r | s | t | u | v | w | x | y | z |

大文字　エフ

全部で50点

① ② → ③ →

F　F

小文字　エフ

全部で50点

① ②→

f　f

11

# 8 G / g

● うすい文字をなぞってから、つづけて書き方を練習しましょう。

| A | B | C | D | E | F | **G** | H | I | J | K | L | M | N | O | P | Q | R | S | T | U | V | W | X | Y | Z |
| a | b | c | d | e | f | **g** | h | i | j | k | l | m | n | o | p | q | r | s | t | u | v | w | x | y | z |

**大文字**　デー

全部で50点

① ②
G

G　G

**小文字**　デー

全部で50点

① ②
g

g　g

# 9 H / h

● うすい文字をなぞってから、つづけて書き方を練習しましょう。

A B C D E F G **H** I J K L M N O P Q R S T U V W X Y Z

a b c d e f g **h** i j k l m n o p q r s t u v w x y z

**大文字**　エイチ

全部で50点

H H

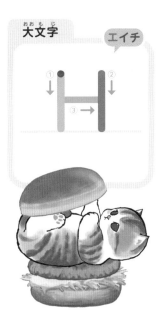

**小文字**　エイチ

全部で50点

h h

① EFGH の大文字と小文字が正しいペアになるように、□ に書きましょう。

全部で50点

大文字

小文字

② E から H が正しいじゅん番にならんでいるところを、
○ のほかに2つ見つけて ○ でかこみましょう。

全部で50点

| E | F | H | E |
|---|---|---|---|
| F | H | F | G |
| G | G | H | F |
| H | G | F | E |

● a から h まで正しいじゅん番にアルファベット
　をたどってゴールをめざしましょう。はしごは
　登ったり、おりたりできます。　全部できて100点

ゴール

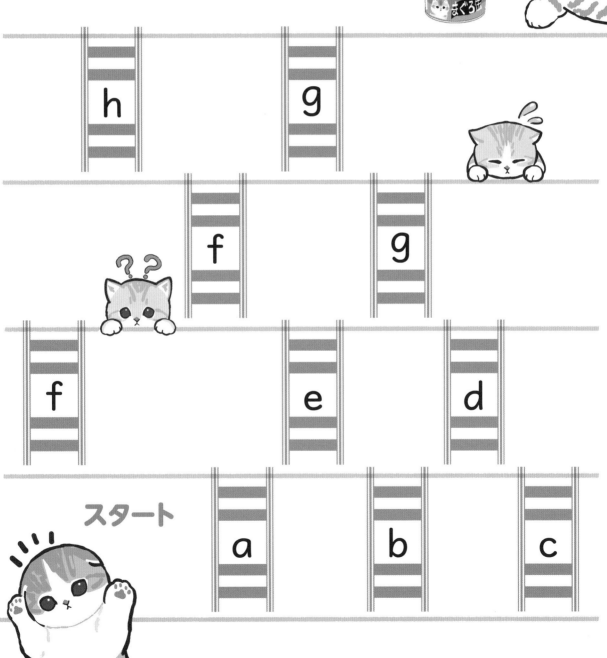

h

g

f

g

f

e

d

スタート

a

b

c

15

# 12 I / i

● うすい文字をなぞってから、つづけて書き方を練習しましょう。

| A | B | C | D | E | F | G | H | **I** | J | K | L | M | N | O | P | Q | R | S | T | U | V | W | X | Y | Z |

| a | b | c | d | e | f | g | h | **i** | j | k | l | m | n | o | p | q | r | s | t | u | v | w | x | y | z |

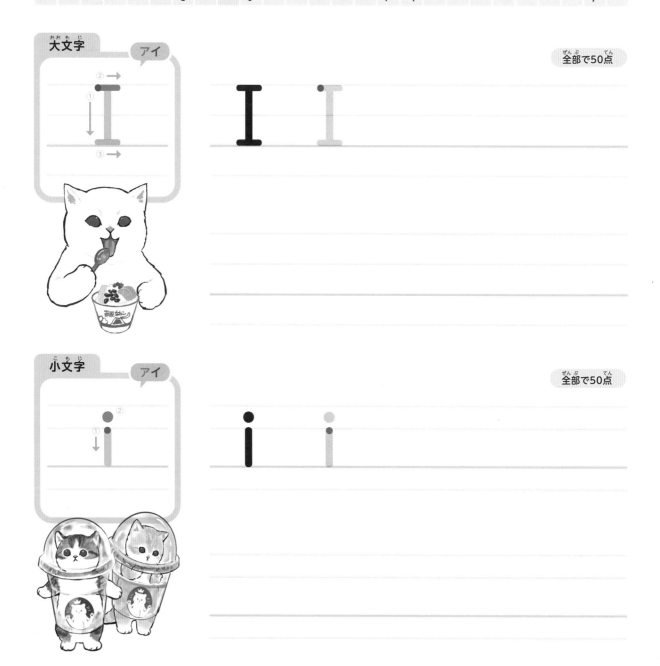

**大文字**　アイ

全部で50点

I　I

**小文字**　アイ

全部で50点

i　i

16

● うすい文字をなぞってから、つづけて書き方を練習しましょう。

| A | B | C | D | E | F | G | H | I | **J** | K | L | M | N | O | P | Q | R | S | T | U | V | W | X | Y | Z |
| a | b | c | d | e | f | g | h | i | **j** | k | l | m | n | o | p | q | r | s | t | u | v | w | x | y | z |

**大文字** デェイ

全部で50点

J J

**小文字** デェイ

全部で50点

j j

● うすい文字をなぞってから、つづけて書き方を練習しましょう。

| A | B | C | D | E | F | G | H | I | J | **K** | L | M | N | O | P | Q | R | S | T | U | V | W | X | Y | Z |
|---|---|---|---|---|---|---|---|---|---|---|---|---|---|---|---|---|---|---|---|---|---|---|---|---|---|
| a | b | c | d | e | f | g | h | i | j | **k** | l | m | n | o | p | q | r | s | t | u | v | w | x | y | z |

**大文字**　ケイ

全部で50点

K K

**小文字**　ケイ

全部で50点

k k

# 15  L / l

● うすい文字をなぞってから、つづけて書き方を練習しましょう。

| A | B | C | D | E | F | G | H | I | J | K | **L** | M | N | O | P | Q | R | S | T | U | V | W | X | Y | Z |
|---|---|---|---|---|---|---|---|---|---|---|---|---|---|---|---|---|---|---|---|---|---|---|---|---|---|
| a | b | c | d | e | f | g | h | i | j | k | **l** | m | n | o | p | q | r | s | t | u | v | w | x | y | z |

**大文字**　　エル

全部で50点

**小文字**　　エル

全部で50点

# 16 IJKL のおさらい

① IJKL の大文字と小文字が正しいペアになるように、どちらかを
えらんで □ に書きましょう。

全部で50点

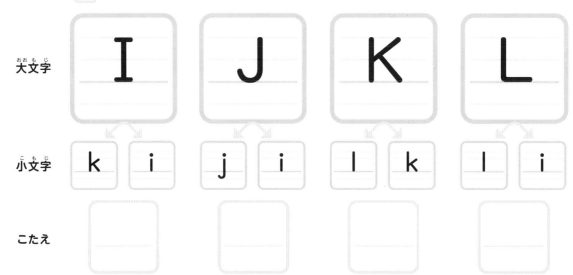

大文字　I　J　K　L

小文字　k　i　　j　i　　l　k　　l　i

こたえ

② IJKL が正しいじゅん番になっているものには 〇 、まちがって
いるものには × を右の（　）につけましょう。

全部で50点

LIJK（　）

IKJL（　）

LKJI（　）

IJKL（　）

l i j k（　）

l j k i（　）

i j k l（　）

l i k j（　）

# 17 M / m

うすい文字をなぞってから、つづけて書き方を練習しましょう。

A B C D E F G H I J K L **M** N O P Q R S T U V W X Y Z
a b c d e f g h i j k l **m** n o p q r s t u v w x y z

**大文字** エム

全部で50点

M M

**小文字** エム

全部で50点

m m

月　日

点／100点

うすい文字をなぞってから、つづけて書き方を練習しましょう。

| A | B | C | D | E | F | G | H | I | J | K | L | M | **N** | O | P | Q | R | S | T | U | V | W | X | Y | Z |

| a | b | c | d | e | f | g | h | i | j | k | l | m | **n** | o | p | q | r | s | t | u | v | w | x | y | z |

大文字　　エン

全部で50点

N N

小文字　　エン

全部で50点

n n

22

# 19 O / o

うすい文字をなぞってから、つづけて書き方を練習しましょう。

| A | B | C | D | E | F | G | H | I | J | K | L | M | N | **O** | P | Q | R | S | T | U | V | W | X | Y | Z |

| a | b | c | d | e | f | g | h | i | j | k | l | m | n | **o** | p | q | r | s | t | u | v | w | x | y | z |

**大文字** オウ

全部で50点

**小文字** オウ

全部で50点

# 20 P / p

● うすい文字をなぞってから、つづけて書き方を練習しましょう。

| A | B | C | D | E | F | G | H | I | J | K | L | M | N | O | **P** | Q | R | S | T | U | V | W | X | Y | Z |
|---|---|---|---|---|---|---|---|---|---|---|---|---|---|---|---|---|---|---|---|---|---|---|---|---|---|
| a | b | c | d | e | f | g | h | i | j | k | l | m | n | o | **p** | q | r | s | t | u | v | w | x | y | z |

### 大文字　ピー

全部で50点

① ②
P

P　P

### 小文字　ピー

全部で50点

① ②
p

p　p

月　日

点／100点

① MNOP の大文字と小文字が正しいペアになるように、□ に書きましょう。

全部で50点

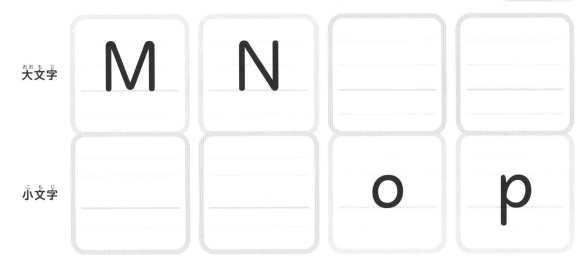

大文字　M　N

小文字　o　p

② MNOP の大文字と小文字が正しいペアになっているものには ○ 、
まちがっているものは × を下の（ ） につけましょう。

全部で50点

M　n　　N　m

（　）　　　（　）

O　o　　P　b

（　）　　　（　）

● I から P までのアルファベットの大文字と小文字
の正しいペアを線でつなぎましょう。

全部できて100点

大文字

小文字

I

J

K

L

M

N

O

P

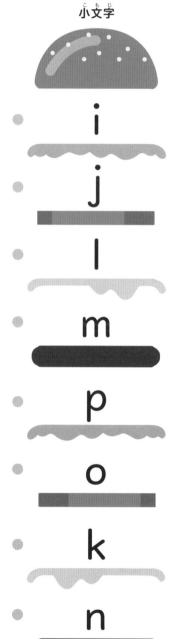

i

j

l

m

p

o

k

n

# 23 Q / q

うすい文字をなぞってから、つづけて書き方を練習しましょう。

A B C D E F G H I J K L M N O P **Q** R S T U V W X Y Z

a b c d e f g h i j k l m n o p **q** r s t u v w x y z

大文字　キュー

全部で50点

Q Q

小文字　キュー

全部で50点

q q

月 日

点／100点

● うすい文字をなぞってから、つづけて書き方を練習しましょう。

A B C D E F G H I J K L M N O P Q **R** S T U V W X Y Z
a b c d e f g h i j k l m n o p q **r** s t u v w x y z

**大文字** アー

全部で50点

① ② ③
R

R R

**小文字** アー

全部で50点

① ②
r

r r

# 25 S / s

うすい文字をなぞってから、つづけて書き方を練習しましょう。

| A | B | C | D | E | F | G | H | I | J | K | L | M | N | O | P | Q | R | **S** | T | U | V | W | X | Y | Z |
|---|---|---|---|---|---|---|---|---|---|---|---|---|---|---|---|---|---|---|---|---|---|---|---|---|---|
| a | b | c | d | e | f | g | h | i | j | k | l | m | n | o | p | q | r | **s** | t | u | v | w | x | y | z |

**大文字**　エス

全部で50点

S　S

**小文字**　エス

全部で50点

s　s

# 26 T / t

月　日

点／100点

うすい文字をなぞってから、つづけて書き方を練習しましょう。

A B C D E F G H I J K L M N O P Q R S **T** U V W X Y Z

a b c d e f g h i j k l m n o p q r s **t** u v w x y z

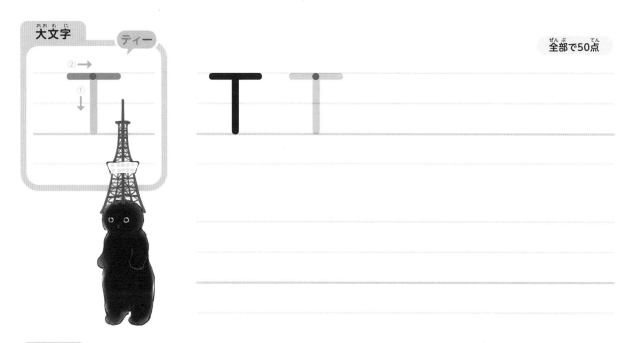

大文字　ティー

全部で50点

② →

①↓

T T

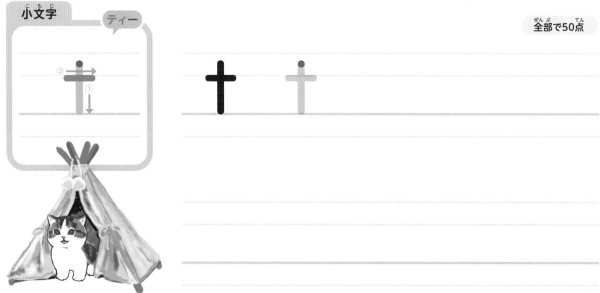

小文字　ティー

全部で50点

②

①↓

t t

① QRST のアルファベットの大文字と小文字を正しいじゅん番になるように書きましょう。

全部で50点

Q   T

 r s

② QRST のアルファベットの大文字と小文字が正しいペアになるように、線でつなぎましょう。

全部で50点

Q　R　S　T

・　・　・　・


・　・　・　・

s　r　t　q

● うすい文字をなぞってから、つづけて書き方を練習しましょう。

**大文字** ユー

全部で50点

U U

**小文字** ユー

全部で50点

u u

# 29 V / v

月　　　日

点／100点

うすい文字をなぞってから、つづけて書き方を練習しましょう。

A B C D E F G H I J K L M N O P Q R S T U **V** W X Y Z
a b c d e f g h i j k l m n o p q r s t u **v** w x y z

**大文字**　ヴィー

全部で50点

**小文字**　ヴィー

全部で50点

# 30 W / w

● うすい文字をなぞってから、つづけて書き方を練習しましょう。

A B C D E F G H I J K L M N O P Q R S T U V **W** X Y Z
a b c d e f g h i j k l m n o p q r s t u v **w** x y z

**大文字** ダブリュー

全部で50点

① ② ③ ④

W W

**小文字** ダブリュー

全部で50点

① ② ③ ④

W W

# 31 X / x

うすい文字をなぞってから、つづけて書き方を練習しましょう。

| A | B | C | D | E | F | G | H | I | J | K | L | M | N | O | P | Q | R | S | T | U | V | W | **X** | Y | Z |

| a | b | c | d | e | f | g | h | i | j | k | l | m | n | o | p | q | r | s | t | u | v | w | **x** | y | z |

大文字　エクス

全部で50点

X　X

小文字　エクス

全部で50点

x　x

# 32　Y / y

うすい文字をなぞってから、つづけて書き方を練習しましょう。

| A | B | C | D | E | F | G | H | I | J | K | L | M | N | O | P | Q | R | S | T | U | V | W | X | **Y** | Z |
| a | b | c | d | e | f | g | h | i | j | k | l | m | n | o | p | q | r | s | t | u | v | w | x | **y** | z |

**大文字**　ワイ

全部で50点

Y　Y

**小文字**　ワイ

全部で50点

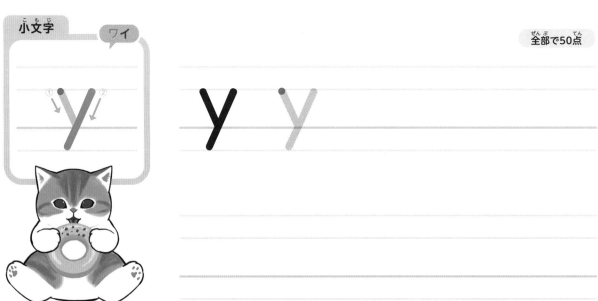

y　y

# 33　Z / z

● うすい文字をなぞってから、つづけて書き方を練習しましょう。

| A | B | C | D | E | F | G | H | I | J | K | L | M | N | O | P | Q | R | S | T | U | V | W | X | Y | **Z** |
|---|---|---|---|---|---|---|---|---|---|---|---|---|---|---|---|---|---|---|---|---|---|---|---|---|---|
| a | b | c | d | e | f | g | h | i | j | k | l | m | n | o | p | q | r | s | t | u | v | w | x | y | **z** |

**大文字**　ズィー

全部で50点

Z Z

**小文字**　ズィー

全部で50点

z z

① UVWXYZ の大文字と小文字が正しいペアになるように、□ に書きましょう。

全部で50点

| 大文字 | | V | | | Y | Z |
|---|---|---|---|---|---|---|
| 小文字 | u | | | w | x | |

② UVWXYZ の大文字と小文字が正しいペアになるようにまん中の □ の
小文字から１つをえらんで、正しい方を右の □ に書きましょう。

全部で50点

大文字　　　　　　　　小文字

U　　u o　→

V　　v w　→

W　　v w　→　　　　X　　x z　→

　　　　　　　　　　　　Y　　y g　→

　　　　　　　　　　　　Z　　y z　→

● Q から Z まで正しいじゅん番にアルファベットを
たどってゴールをめざしましょう。

全部できて100点

スタート

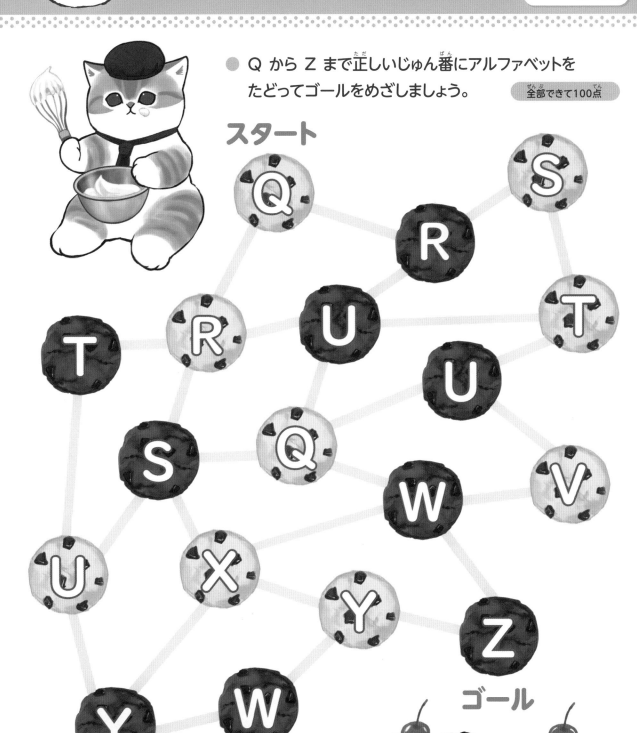

● □にアルファベットの大文字（おおもじ）を正（ただ）しいじゅん番（ばん）で書（か）きましょう。　全部（ぜんぶ）できて100点（てん）

| A | | C | D | | |
|---|---|---|---|---|---|
| | H | | | K | |
| | | O | | | R |
| | T | U | | | X |
| | Z | | | | |

# アルファベットテスト 小文字

● □にアルファベットの小文字を正しいじゅん番で書きましょう。

全部できて100点

|  |  | c |  | e |  |
|---|---|---|---|---|---|
|  | h |  |  | k | l |
|  |  | o | p |  |  |
| s |  | u |  |  | x |

z

● A から Z まで正しいじゅん番にアルファベットをたどって
絵をかんせいさせましょう。

全部できて100点

# ローマ字表 ①

ローマ字は日本語の「あいうえお」をアルファベットであらわしたものです。

● きほんになる「あいうえお」は aiueo であらわします。それいがいの行は表の左の s や t と aiueo をくみあわせます。たとえば、「か」は k と「あ」の a をくみあわせて、ka になります。

| | あ | い | う | え | お |
|---|---|---|---|---|---|
| | a | i | u | e | o |
| k | か ka | き ki | く ku | け ke | こ ko |
| s | さ sa | し* shi | す su | せ se | そ so |
| t | た ta | ち* chi | つ* tsu | て te | と to |
| n | な na | に ni | ぬ nu | ね ne | の no |
| h | は ha | ひ hi | ふ* fu | へ he | ほ ho |
| m | ま ma | み mi | む mu | め me | も mo |
| y | や ya | | ゆ yu | | よ yo |
| r | ら ra | り ri | る ru | れ re | ろ ro |
| w | わ wa | | | | を o[wo] |
| | ん n | | | | |

● このドリルでは「ヘボン式」というあらわし方を使ってローマ字を練習します。ヘボン式は、パスポートをつくるときや町の名前をあらわすときに使います。＊のついたローマ字はふくすうのあらわし方があり、下のようなあらわし方もあります。

● ヘボン式以外の書き方

| し | ち | つ |
|---|---|---|
| si | ti | tu |

| ふ |
|---|
| hu |

55 ページのローマ字表②を見てください。
↓

| じ | ぢ | づ |
|---|---|---|
| zi | zi・di | du |

| しゃ | しゅ | しょ |
|---|---|---|
| sya | syu | syo |

| ちゃ | ちゅ | ちょ |
|---|---|---|
| tya | tyu | tyo |

| じゃ | じゅ | じょ |
|---|---|---|
| zya | zyu | zyo |

| ぢゃ |
|---|
| zya・dya |

| ぢゅ |
|---|
| zyu・dyu |

| ぢょ |
|---|
| zyo・dyo |

● 学習するローマ字　　a　i　u　e　o

○ あいうえおを小文字で書きましょう。　　全部で50点

あ　　い　　う　　え　　お

**小文字の練習**　a　i　u　e　o

○ あいうえおを大文字で書きましょう。　　全部で50点

あ　　い　　う　　え　　お

**大文字の練習**　A　I　U　E　O

月　日

点／100点

● 学習するローマ字

k と a i u e o のくみあわせ

● かきくけこを小文字で書きましょう。

全部で50点

| か | き | く | け | こ |
|---|---|---|---|---|

**小文字の練習**

ka ki ku ke ko

● かきくけこを大文字で書きましょう。

全部で50点

| か | き | く | け | こ |
|---|---|---|---|---|

**大文字の練習**

KA KI KU KE KO

# 41 ローマ字 さしすせそ

● 学習するローマ字

> s と a i u e o のくみあわせ
> shi にちゅうい!

● さしすせそを小文字で書きましょう。

全部で50点

|さ|し|す|せ|そ|

**小文字の練習**

sa shi su se so

● さしすせそを大文字で書きましょう。

全部で50点

|さ|し|す|せ|そ|

**大文字の練習**

SA SHI SU SE SO

## 学習するローマ字

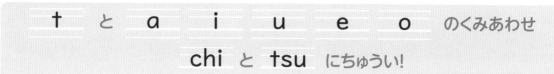

t と a i u e o のくみあわせ

chi と tsu にちゅうい!

## たちつてとを小文字で書きましょう。

全部で50点

た　　ち　　つ　　て　　と

**小文字の練習**

ta chi tsu te to

## たちつてとを大文字で書きましょう。

全部で50点

た　　ち　　つ　　て　　と

**大文字の練習**

TA CHI TSU TE TO

月　日

点／100点

## 学習するローマ字

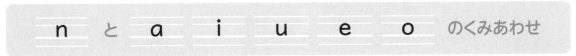

**n** と **a i u e o** のくみあわせ

● なにぬねのを小文字で書きましょう。

全部で50点

| な | に | ぬ | ね | の |

**小文字の練習**

na ni nu ne no

● なにぬねのを大文字で書きましょう。

全部で50点

| な | に | ぬ | ね | の |

**大文字の練習**

NA NI NU NE NO

# 44 ローマ字 はひふへほ

● 学習するローマ字

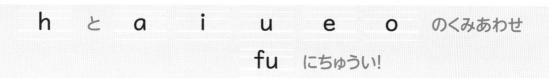

h と a i u e o のくみあわせ

fu にちゅうい!

● はひふへほを小文字で書きましょう。

全部で50点

| は | ひ | ふ | へ | ほ |

**小文字の練習**

ha hi fu he ho

● はひふへほを大文字で書きましょう。

全部で50点

| は | ひ | ふ | へ | ほ |

**大文字の練習**

HA HI FU HE HO

# 45 ローマ字 まみむめも

● 学習するローマ字

m と a i u e o のくみあわせ

● まみむめもを小文字で書きましょう。　　　全部で50点

ま　　み　　む　　め　　も

**小文字の練習**

ma mi mu me mo

● まみむめもを大文字で書きましょう。　　　全部で50点

ま　　み　　む　　め　　も

**大文字の練習**

MA MI MU ME MO

# 46 ローマ字 やゆよ

● 学習するローマ字

y と a u o のくみあわせ

○ やゆよを小文字で書きましょう。

全部で50点

や　　ゆ　　よ

**小文字の練習**　ya yu yo

○ やゆよを大文字で書きましょう。

全部で50点

や　　ゆ　　よ

**大文字の練習**　YA YU YO

# 47 ローマ字 らりるれろ

● 学習するローマ字

r と a i u e o のくみあわせ

● らりるれろを小文字で書きましょう。　　　　全部で50点

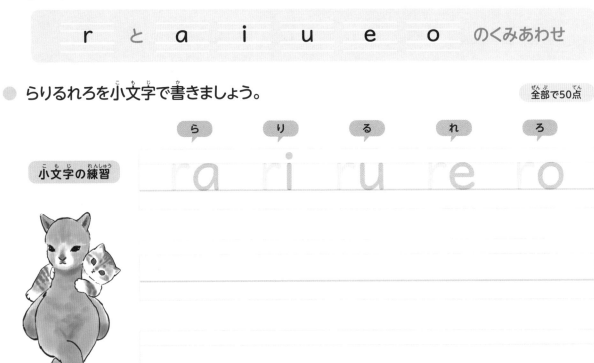

| ら | り | る | れ | ろ |
|---|---|---|---|---|

**小文字の練習**

ra ri ru re ro

● らりるれろを大文字で書きましょう。　　　　全部で50点

| ら | り | る | れ | ろ |
|---|---|---|---|---|

**大文字の練習**

RA RI RU RE RO

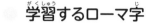
# 48 ローマ字 わをん

## 学習するローマ字

w と a o のくみあわせ n にちゅうい!

## わをんを小文字で書きましょう。

全部で50点

わ を * ん

**小文字の練習**

wa wo n

## わをんを大文字で書きましょう。

全部で50点

わ を * ん

**大文字の練習**

WA WO N

* 「を」は W とくみあわせないで O だけであらわすこともあります。

53

月　日

点／100点

① 絵にかかれたものを、小文字でローマ字になおしましょう。

1つ15点

いか

たこ

すいか

あひる

② （　）の中にアルファベットを入れて、左の絵のローマ字をかんせいさせましょう。
アルファベットは □ のわくの中からえらんでください。

1つ10点

```
a i n w o
```

いぬ

（　）nu

わに

（　）ani

いのしし

i（　）oshishi

らいおん

rai（　）n

# ローマ字表 ②

が、きゃ、ぴゃのような音のローマ字表です。

● 「が」「ざ」「だ」などの音は g、z、d などであらわします。小さな「ゃ」の音は h と y であらわします。たとえば、「きゃ」は「か行」の k と「あ」の a のあいだに y をおいて、kya であらわします。「しゃ」は「さ行」の s と「あ」の a のあいだに h をおいて、sha であらわします。

| | a | i | u | e | o |
|---|---|---|---|---|---|
| g | が ga | ぎ gi | ぐ gu | げ ge | ご go |
| z | ざ za | じ* ji | ず* zu | ぜ ze | ぞ zo |
| d | だ da | ぢ* ji | づ* zu | で de | ど do |
| b | ば ba | び bi | ぶ bu | べ be | ぼ bo |
| p | ぱ pa | ぴ pi | ぷ pu | ぺ pe | ぽ po |

＊のついたローマ字はふくすうのあらわし方があります。
43 ページのローマ字表①を見てください。

| | a | u | o |
|---|---|---|---|
| ky | きゃ kya | きゅ kyu | きょ kyo |
| sh | しゃ sha | しゅ shu | しょ sho |
| ch | ちゃ cha | ちゅ chu | ちょ cho |
| ny | にゃ nya | にゅ nyu | にょ nyo |
| hy | ひゃ hya | ひゅ hyu | ひょ hyo |
| my | みゃ mya | みゅ myu | みょ myo |
| ry | りゃ rya | りゅ ryu | りょ ryo |

| | a | u | o |
|---|---|---|---|
| gy | ぎゃ gya | ぎゅ gyu | ぎょ gyo |
| j | じゃ ja | じゅ ju | じょ jo |
| j | ぢゃ ja | ぢゅ ju | ぢょ jo |
| by | びゃ bya | びゅ byu | びょ byo |
| py | ぴゃ pya | ぴゅ pyu | ぴょ pyo |

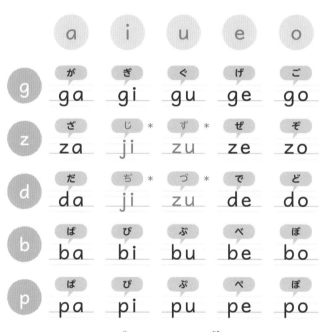

# 50 ローマ字
## がぎぐげご　ざじずぜぞ

学習する<br>ローマ字　　**g** と **a i u e o** のくみあわせ

● がぎぐげごを小文字と大文字で書きましょう。　　全部で50点

| が | ぎ | ぐ | げ | ご |
|---|---|---|---|---|

小文字の練習　　ga gi gu ge go

大文字の練習　　GA GI GU GE GO

学習する<br>ローマ字　　**z** と **a u e o** のくみあわせ　**ji** にちゅうい!

● ざじずぜぞを小文字と大文字で書きましょう。　　全部で50点

| ざ | じ | ず | ぜ | ぞ |
|---|---|---|---|---|

小文字の練習　　za ji zu ze zo

大文字の練習　　ZA JI ZU ZE ZO

月　　日

点／100点

● 学習する
　ローマ字

d と a e o のくみあわせ ji zu にちゅうい!

● だぢづでどを小文字と大文字で書きましょう。

全部できて100点

だ　　ぢ　　づ　　で　　ど

小文字
の練習

da ji zu de do

大文字
の練習

DA JI ZU DE DO

# 52 ローマ字
## ばびぶべぼ　ぱぴぷぺぽ

点／100点

● 学習する　　　b と a i u e o のくみあわせ
　ローマ字

● ばびぶべぼを小文字と大文字で書きましょう。　　　　　全部で50点

ば　　　び　　　ぶ　　　べ　　　ぼ

小文字
の練習　　ba　bi　bu　be　bo

大文字
の練習　　BA　BI　BU　BE　BO

● 学習する　　　p と a i u e o のくみあわせ
　ローマ字

● ぱぴぷぺぽを小文字と大文字で書きましょう。　　　　　全部で50点

ぱ　　　ぴ　　　ぷ　　　ぺ　　　ぽ

小文字
の練習　　pa　pi　pu　pe　po

大文字
の練習　　PA　PI　PU　PE　PO

# 53 ローマ字
## きゃきゅきょ しゃしゅしょ
## ちゃちゅちょ にゃにゅにょ

月　日

点／100点

● 学習する
　ローマ字　　**ky** と **sh** の **a**　**u**　**o** のくみあわせ

○ きゃきゅきょ しゃしゅしょ を小文字と大文字で書きましょう。

全部で50点

|  |  |  |  |  |  |
|---|---|---|---|---|---|
| きゃ | きゅ | きょ | しゃ | しゅ | しょ |

小文字
の練習　　kya kyu kyo　sha shu sho

大文字
の練習　　KYA KYU KYO　SHA SHU SHO

● 学習する
　ローマ字　　**ch** と **ny** の **a**　**u**　**o** のくみあわせ

○ ちゃちゅちょ にゃにゅにょ を小文字と大文字で書きましょう。

全部で50点

| ちゃ | ちゅ | ちょ | にゃ | にゅ | にょ |
|---|---|---|---|---|---|

小文字
の練習　　cha chu cho　nya nyu nyo

大文字
の練習　　CHA CHU CHO　NYA NYU NYO

● 学習する
　ローマ字

　hy と my の a u o のくみあわせ

● ひゃひゅひょ みゃみゅみょ を小文字と大文字で書きましょう。

全部で50点

| ひゃ | ひゅ | ひょ | みゃ | みゅ | みょ |

小文字
の練習

hya hyu hyo　mya myu myo

大文字
の練習

HYA HYU HYO　MYA MYU MYO

● 学習する
　ローマ字

　ry と a u o のくみあわせ

● りゃりゅりょ を小文字と大文字で書きましょう。

全部で50点

| りゃ | りゅ | りょ |

小文字
の練習

rya ryu ryo

大文字
の練習

RYA RYU RYO

学習する
ローマ字　　gy と j の a u o のくみあわせ

ぎゃぎゅぎょ じゃじゅじょ ぢゃぢゅぢょ を小文字と大文字で書きましょう。　全部で50点

| ぎゃ | ぎゅ | ぎょ | じゃ | ぢゃ | じゅ | ぢゅ | じょ | ぢょ |
|---|---|---|---|---|---|---|---|---|

小文字
の練習

gya gyu gyo　　ja　ju　jo

大文字
の練習

GYA GYU GYO　　JA JU JO

学習する
ローマ字　　by と py の a u o のくみあわせ

びゃびゅびょ ぴゃぴゅぴょ を小文字と大文字で書きましょう。　全部で50点

| びゃ | びゅ | びょ | ぴゃ | ぴゅ | ぴょ |
|---|---|---|---|---|---|

小文字
の練習

bya byu byo　　pya pyu pyo

大文字
の練習

BYA BYU BYO　　PYA PYU PYO

つまる音とは、「がっこう」の「っ」のような小さく書く音のことです。ローマ字であらわすときは、「っ」の文字を2回書きます。「う」のようにのばす音をあらわすときは、そのローマ字の a・i・u・e・o の上の部分に「＾」をつけます。「－」をつけることもあります。

● つまる音が入ったローマ字を練習しましょう。

しっぽ　　全部で25点

## shippo

s

きって　　全部で25点

## kitte

k

● のばす音が入ったローマ字を練習しましょう。

りょこう　　全部で25点

## ryokô

r

こうちゃ　　全部で25点

## kôcha

k

# ローマ字「ん」の後に<br>つづく言葉

● 「ん」の次に a・i・u・e・o か y がくるときは、nの後に「'（アポストロフィ）」をつけます。これは読みまちがいをふせぐためです。

● 「ん」が入ったローマ字を練習しましょう。

| パンや | 全部で25点 |
|---|---|

## pan'ya

p

| しんゆう | 全部で25点 |
|---|---|

## shin'yû

s

| まんいん | 全部で25点 |
|---|---|

## man'in

m

| みんよう | 全部で25点 |
|---|---|

## min'yô

m

月　日

点／100点

① 絵にかかれたものを、小文字でローマ字になおしましょう。　1つ15点

めろん

もうふ

ぶた

しんゆう

② （　）の中にアルファベットを入れて、左の絵のローマ字をかんせいさせましょう。
アルファベットは □ のわくの中からえらんでください。　1つ10点

b　p　y　h　c

ケチャップ

kec（　）appu

きょうりゅう
kyôr（　）û

なすび
nasu（　）i

プリン

（　）urin

月　日

点／100点

次のローマ字の言葉を練習しましょう。うすい字をなぞってから、
下に同じように書きましょう。

しか　　全部で20点

## shika

s

えだまめ　全部で20点

## edamame

e

もも　　全部で20点

## momo

m

ふじさん　全部で20点

## fujisan

f

みかん　全部で20点

## mikan

m

# 60 ローマ字の練習 ②

● 次のローマ字の言葉を練習しましょう。うすい字をなぞってから、
下に同じように書きましょう。

あざらし　　全部で20点

## azarashi

a

とうきょう　　全部で20点

## tôkyô

t

にんじん　　全部で20点

## ninjin

n

コーラ　　全部で20点

## kôra

k

らっかせい　　全部で20点

## rakkasei

r

月　日

● 英語でなんというのか、見てみましょう。強く読むところは青い字でしめしています。

**ねこ**

キャァト

## cat

**いぬ**

ド(ー)グ

## dog

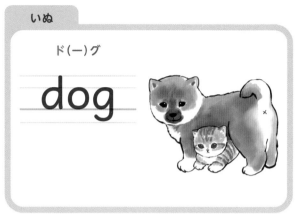

**うさぎ**

ラァビット

## rabbit

**とり**

バァード

## bird

● 英語で書いてみましょう。

| ねこ | cat |
|---|---|

| いぬ | dog |
|---|---|

| うさぎ | rabbit |
|---|---|

| とり | bird |
|---|---|

# 英単語入門② 海のいきものたち

月　日

● 英語でなんというのか、見てみましょう。

**さめ**
シャーク
# shark

**たこ**
アクタァパァス
# octopus

**ペンギン**
ペングゥイン
# penguin

**あざらし**
スィール
# seal

● 英語で書いてみましょう。

**さめ**　shark

**たこ**　octopus

**ペンギン**　penguin

**あざらし**　seal

● 英語でなんというのか、見てみましょう。

**カレーライス**

カリィ エン ライス

# curry and rice

「curry rice」は和製英語で、日本のカレーを指します。それ以外のカレーライスは「curry and rice」と表現します。

**パン**

ブレッド

# bread

**ピザ**

ピーツァ

# pizza

**ホットドッグ**

ハートダーグ

# hotdog

● 英語で書いてみましょう。

| カレーライス | curry and rice |
| --- | --- |
| パン | bread |
| ピザ | pizza |
| ホットドッグ | hotdog |

● 英語でなんというのか、見てみましょう。

**ホットケーキ**

パンケイク

pancake

**ドーナッツ**

ドゥナト

doughnut

**プリン**

プディング

pudding

**シュークリーム**

クリーム パフ

cream puff

● 英語で書いてみましょう。

| ホットケーキ | pancake |
|---|---|
| ドーナッツ | doughnut |
| プリン | pudding |
| シュークリーム | cream puff |

● 英語でなんというのか、見てみましょう。

青色
ブルー
## blue

赤色
レッド
## red

ピンク色
ピンク
## pink

白色
（ホ）ワイト
## white

黄色
イェロウ
## yellow

むらさき色
パープル
## purple

みどり色
グリーン
## green

だいだい色
オーレンヂ
## orange

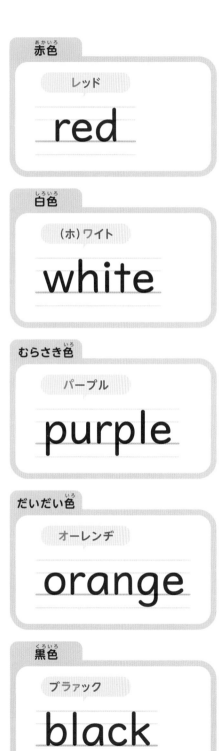

茶色
ブラウン
## brown

黒色
ブラァック
## black

● 英語でなんというのか、見てみましょう。

**1**

ワン

one

**2**

トゥー

two

**3**

スリー

three

**4**

フォーア

four

**5**

ファイヴ

five

**6**

スィックス

six

**7**

セヴン

seven

**8**

エイト

eight

**9**

ナイン

nine

**10**

テン

ten

● ふだん使っている日本語になった英語を見てみましょう。

パイナップル

パイナァプル

## pineapple

ジャケット

ヂァケット

## jaket

ギター

ギター

## guitar

トラック

トラク

## truck

エプロン

エイプロン

## apron

スーツケース

スートケイス

## suitcase

ジュース

デュース

## juice

ピーナッツ

ピーナト

## peanut

ハンモック

ハマク

## hammock

コーヒー

コーフィ

## coffee

先にカタカナを読んでから、上の文と同じように書きましょう。

こんにちは、にゃんこ。

ヘロゥ　　　　　　　ニャンコ

# Hello, Nyanko.

おはようございます。

グッド　　　　　　モーニング

# Good morning.

さようなら、またね。

グ（ッド）　　バイ　　　スィー　　　ユー　　　レイタ

# Good bye. See you later.

「こんにちは。」は Good afternoon.（グッド アフタヌーン）ともいいます。
「こんばんは。」は Good evening.（グッド イーヴニング）、「おやすみなさい。」は Good night.（グッド ナイト）です。

● 先にカタカナを読んでから、上の文と同じように書きましょう。

あなたの名前はなんですか。

(ホ)ワッツ　　ユア　　ネイム

# What's your name?

わたしの名前はニャンコです。

マイ　ネイム　イズ　ニャンコ

# My name is Nyanko.

ありがとう。

サァンキュー

# Thank you.

● 英語で「ありがとう。」とお礼をいわれたら、
「どういたしまして。」You are welcome.（ユア ウェルカム）か
No problem.（ノウ プラブレム）といいましょう。

# 英語であいさつ ③

月　　日

先にカタカナを読んでから、上の文と同じように書きましょう。

おたんじょう日おめでとう。

ハァピ　　バースディ

# Happy birthday!

メリークリスマス。

メリ　　クリスマス

# Merry Christmas!

あけましておめでとう。

ハァピ　　ニュー　　イヤ

# Happy new year!

「おめでとう。」は Congratulations!
（カングラチャレィシュンズ）といいます。
ハロウィンをおいわいするときは
「ハロウィンおめでとう!」 Happy Halloween!
（ハァピ ハロウィーン）と声をかけあいます。

● 先にカタカナを読んでから、上の文と同じように書きましょう。

わたしのなまえは●●●です。

マイ　　ネイム　　イズ

# My name is _____ .

はじめまして。

ナイス　　トゥ　　ミーテュ

# Nice to meet you.

ありがとう。またね。

サァンキュー　　スィー　　ユー

# Thank you. See you.

● おわかれをするときは、See you.（スィー ユー）のかわりに、
「よい一日を!」Have a nice day.（ハァブ ア ナイス デイ）や
「きをつけて。」Take care!（テイク ケァ）ということも
あります。

# こたえ

## 5 ABCD のおさらい　　P.9

① A → B → C → D

a → b → c → d

② a（エイ）〇　d（ビー）×

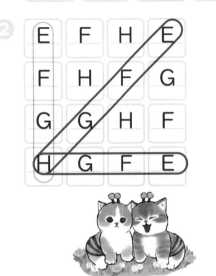

っ（スィー）×　b（ディー）×

## 10 EFGH のおさらい　　P.14

① E F G H

e f g h

②
| E | F | H | E |
| F | H | F | G |
| G | G | H | F |
| H | G | F | E |

## 11 チャレンジ！アルファベットゲーム　　P.15

ゴール

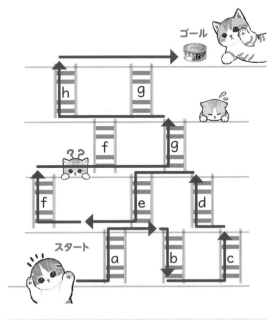

h　g

f　g

f　e　d

スタート　a　b　c

## 16 IJKL のおさらい　　P.20

① I J K L

k i　j i　l k　l i

i　j　k　l

②
LIJK（×）　lijk（×）
IKJL（×）　ljki（×）
LKJI（×）　ijkl（〇）
IJKL（〇）　likj（×）

78

# こたえ

## 21　MNOP のおさらい　　P.25

① 

| M | N | **O** | P |
|---|---|---|---|
| **m** | **n** | o | p |

② 

| M | n |
|---|---|
| ( × ) | |

| N | m |
|---|---|
| ( × ) | |

| O | o |
|---|---|
| ( ○ ) | |

| P | b |
|---|---|
| ( × ) | |

## 22　チャレンジ！アルファベットゲーム　P.26

I — i
J — j
K — l
L — m
M — p
N — o
O — k
P — n

## 27　QRST のおさらい　　P.31

① 

| Q | **R** | **S** | T |
|---|---|---|---|
| **q** | r | s | **t** |

② 

Q　R　S　T
s　r　t　q

## 34　UVWXYZ のおさらい　　P.38

① 

| U | V | **W** | **X** | Y | Z |
|---|---|---|---|---|---|
| u | **v** | w | x | **y** | **z** |

② 

| U | u o | → | u |
|---|---|---|---|

| V | v w | → | v |
|---|---|---|---|

| W | v w | → | w |
|---|---|---|---|

| X | x z | → | x |
|---|---|---|---|

| Y | y g | → | y |
|---|---|---|---|

| Z | y z | → | z |
|---|---|---|---|

# こたえ

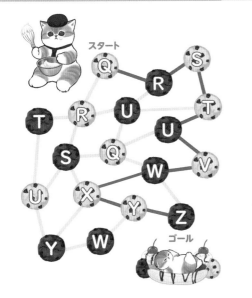

## 36 アルファベットテスト 大文字 P.40

| A | B | C | D | E | F |
|---|---|---|---|---|---|
| G | H | I | J | K | L |
| M | N | O | P | Q | R |
| S | T | U | V | W | X |
| Y | Z | | | | |

## 37 アルファベットテスト 小文字 P.41

| a | b | c | d | e | f |
|---|---|---|---|---|---|
| g | h | i | j | k | l |
| m | n | o | p | q | r |
| s | t | u | v | w | x |
| y | z | | | | |

## 49 ローマ字テスト ① P.54

**1**

いか ika　　たこ tako

すいか suika　　あひる ahiru

**2**

いぬ ( i ) nu　　わに ( w ) ani

いのしし i ( n ) oshishi

らいおん rai ( o ) n

## 58 ローマ字テスト ② P.64

**1**

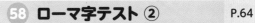

めろん meron　　もうふ môfu

ぶた buta　　しんゆう shin'yû

**2**

ケチャップ kec ( h ) appu

きょうりゅう kyôr ( y ) û

なすび nasu ( b ) i　　プリン ( p ) urin